Norbert Zerah

Sur les chemins du bien vieillir

Norbert Zerah

Sur les chemins du bien vieillir

Éditions Vie

Imprint

Cover image: www.ingimage.com

Publisher:
Éditions Vie
is a trademark of
Dodo Books Indian Ocean Ltd., member of the OmniScriptum S.R.L Publishing group
str. A.Russo 15, of. 61, Chisinau-2068, Republic of Moldova Europe
Printed at: see last page
ISBN: 978-613-9-59084-1

Sur les chemins du bien vieillir

Norbert Zerah

Je tiens à remercier tout particulièrement Pascale Poher, ma dévouée collaboratrice qui m'a soutenu pour finaliser ce travail.
Au cours de la réalisation de cet ouvrage, dans ses lectures et corrections intransigeantes, elle a fait preuve de patience, perspicacité, d'un enthousiasme fidèle et tenace et d'une efficacité remarquable.

Sommaire

Introduction *p.10*

Premier chemin... *p.16*

La sereine acceptation

Deuxième chemin... *p.18*

Surmonter la perte du sentiment de jeunesse

Troisième chemin... *p.22*

Savoir s'alimenter avec justesse

Quatrième chemin... *p.26*

Le corps n'a qu'à bien se tenir

Cinquième chemin... *p.30*

Contre l'angoisse du vieillissement, la méditation

Sixième chemin... *p.34*

Départ à la retraite, les nouveaux choix

Septième chemin... *p.36*

Les centres d'intérêts comme force d'attraction

Huitième chemin... *p.40*

Apprendre pour toujours

Neuvième chemin... *p.44*

L'amour, l'amitié et la tendresse

Dixième chemin... *p.52*

Entretenir une belle image de soi... l'Art de la Joie...

Pour ne pas conclure... *p.58*

Annexes... *p.62*

Croyez en vos rêves et ils se réaliseront peut-être.
Croyez en vous et ils se réaliseront sûrement.

Martin Luther King

Introduction

A l'approche de l'âge de la retraite se pose une question fondamentale pour de nombreuses personnes, c'est le *comment vieillir* ? Ou plutôt *comment bien vieillir* ? En effet, tant que l'activité professionnelle est au centre des préoccupations quotidiennes, il y a peu de place pour ce type d'interrogations. Encore que, pour des raisons qui tiennent à la personnalité de chacun (peur du vieillissement, de la solitude, de la maladie) cette question peut, très tôt, apparaître de manière lancinante et obsessionnelle.

Toutes ces considérations sur l'inquiétude liée à l'approche du vieillissement ne sont pas sans rapport avec l'angoisse de la mort.
Bien vieillir, c'est lutter contre cette angoisse, la rendre moins présente, plus douce et acceptable.
Comprendre la volonté pour chacun de *bien vieillir* comme une façon de s'opposer à la décrépitude et à la mort.
Se tenir debout, vivant la suite de son existence avec la grâce et l'énergie de la maturité.

Lors d'une visite à une octogénaire en maison de retraite, nous avons posé la question suivante à une aide-soignante : «qu'est-ce qui fait que l'on vieillit bien ?». Celle-ci nous a répondu avec un grand sourire : «c'est de ne pas vieillir souffrante et malade».
Quant à l'infirmière de service à qui nous avons posé la même question, elle nous dit sans hésiter : «atteindre la fin de sa vie en pleine conscience, en toute simplicité».
Ces réponses, de bon sens, selon nous, résonnent encore à nos oreilles.

C'est bien l'objet de cet ouvrage de trouver les voies qui mènent à ce *savoir bien vieillir*. Faire reculer au mieux les affres de la maladie, de la décrépitude, d'une mauvaise image de soi, afin d'arriver au terme de sa vie en toute *simplicité*.

Il faut bien entendre, la *simplicité* est ici associée à quelque chose de digne et de noble. Le concept ainsi désigné est riche de sens. Par exemple, ne pas lutter contre la peur de vieillir, mais créer, imaginer les conditions d'une fin de vie heureuse, c'est-à-dire en toute quiétude.

L'idée étant que le corps et la pensée se conjuguent harmonieusement pour que l'individu parte de ce monde, avec le moins de turpitudes et de perturbations possibles.

Il nous faut donc développer tout un programme coordonné de décisions et d'actions visant au *bien vieillir*.

Les chemins conduisant à cet état ne sont pas sans embûche et nécessitent une certaine dose de motivation et de volonté. Nous pensons que le lecteur n'en est certes pas dépourvu et qu'il mettra en œuvre toute son énergie à cet effet.

L'esprit et l'objectif de notre propos, dans ce livre, est de soumettre des directions, offrir des chemins menant vers un *mieux être* dans *le paysage du vieillir.*

Celui-ci peut être facile, agréable et merveilleux autant pour soi que pour son entourage familial, ses amis et les autres.

Une amie de longue date m'a rapporté, avec étonnement, un déjeuner auquel elle avait été invitée en compagnie de son époux. Son hôtesse se trouvait être sa propre mère âgée de 94 ans, vivant dans son appartement en toute autonomie. Cette dame avait eu la patience et l'envie de préparer quantité de petits plats délicieux pour le couple.

Elle se félicitait de pouvoir accueillir sa fille et son gendre de retour d'un long et exténuant voyage à l'étranger. Rien n'arrête le désir de faire plaisir à ceux que l'on aime, même à 94 ans !

Nous allons donc envisager et parcourir les divers chemins qui permettent à chacun d'atteindre avec sérénité le *bien vieillir*.

Remarque :

Les dix chemins présentés ici ne sont pas classés selon un ordre d'importance. Chacun d'eux peut être considéré et étudié à part entière, sans lien direct avec le chemin qui le précède ou le suit. Néanmoins, il apparaît évident que certains liens et mises en relation sont à faire entre les pistes proposées.

Par exemple, comment pratiquer un sport exigeant un apport glucidique conséquent si on ne s'alimente pas correctement ? Ou encore, comment développer des liens sociaux en limitant ses centres d'intérêts ?

Le lecteur pourra à loisir, s'attacher - selon ses besoins, ses envies, ses passions… - à privilégier son investissement pour l'un ou l'autre de ces chemins ou bien choisir de partir à la découverte successive de tous.

Pour les dix chemins développés, vous trouverez, en annexes, des réflexions de style micro trottoir interrogeant des personnes cibles en lien avec chaque thème.

Premier chemin
La sereine acceptation

La sérénité, c'est l'acceptation de soi-même et de ce qui est.
Les Pensées, Abbé Pierre (1912-2007)

Accepter de vieillir est la condition essentielle à une telle démarche. En effet, le refus de vieillir n'apporte aucune résolution concrète quand à ce qui arrivera d'une manière ou d'une autre.
(v. Annexe 1)

Si une personne répète inlassablement : *je refuse de vieillir,* en l'espèce, n'apporte rien de constructif, ni de positif en soi.
Le déni à vieillir, c'est refuser aussi de voir la réalité du vieillissement s'inscrire, chaque jour, dans votre mémoire, vos membres, votre peau.
Il convient donc de faire face avec courage, sérénité et simplicité au phénomène du vieillissement. Le prendre en compte, l'accepter en toute connaissance de cause, mais, bien entendu, avec le souci de bien le vivre.

L'acceptation de cette réalité irréversible, n'est pas facile, nous en convenons, à condition d'en prendre acte objectivement et sans crainte. Pourquoi *sans crainte* ?
Parce que la peur paralyse et nous empêche d'avancer dans l'existence, même si celle-ci semble plus raccourcie qu'à notre naissance !
Rappelons qu'accepter de vieillir, n'est pas renoncer à vivre pleinement, mais c'est en accepter le fait en l'assumant sans retenue, complètement.

On peut définir cette position par cette phrase :
Oui, j'accepte de vieillir, tout en me donnant les moyens d'un maintien, d'une lucidité et d'un bien être à acquérir, à conquérir.
Accepter la finitude et le sentiment qui y est associé devra s'inscrire en soi comme un préalable à l'entreprise de régénération mentale de l'individu aux prises avec un risque d'angoisse.

Non pas accepter cette vérité du vieillissement avec complaisance, mais l'accepter comme un socle de renouveau personnel et d'ouvertures vers d'autres *ailleurs*.

A partir de cette posture d'ouverture, quand bien même elle serait paradoxale *j'accepte de vieillir, oui, mais pas avec les préjugés et les représentations négatives que vous leur accolez*.

Il s'agit donc d'inventer une nouvelle manière de vieillir : avec style, allure, voire prestance.
Utiliser ses propres ressources ainsi que les moyens offerts par notre société et par notre environnement immédiat.

La meilleure manière de prévoir le futur est de le créer, Peter Drucker (1909-2005) auteur et théoricien, Professeur à la Claremont Graduate University (Californie)

Notre objectif est le suivant : il s'agira de proposer avec simplicité et inventivité d'autres chemins pour construire le *bien vieillir*.

Sans tarder, partons à la découverte de ce deuxième chemin.

Deuxième chemin
Surmonter la perte du sentiment de jeunesse

Bien vieillir reviendrait à accepter la perte de la jeunesse et constitue un véritable «travail d'intégration du moment présent».
(Quinodoz, *in* Reinhardt et Bouisson, 2001)

L'adulte âgé ne sait pas très bien ce qui lui arrive. Il paraît être à côté de lui-même, évoquant un changement d'humeur, sans pouvoir nommer cet étrange sentiment qui l'habite. Il dit qu'il ne se sent pas heureux dans sa tête.
Voilà que cette souffrance indicible, invisible aux yeux des autres, si elle reste muette, insuffisamment interrogée, écoutée ou traitée, peut parfois conduire à un état dépressif.

Cette souffrance cache une perte, celle du sentiment de jeunesse. De nombreux facteurs objectifs aident à la prise de conscience de cet étrange sentiment de perte comme :

- l'inactivité professionnelle soudaine ou lointaine
- le départ des enfants du domicile familial
- l'annonce de quelques pathologies (diabète, hypertension, jambes lourdes, surdité...)
- un début de dépendance
- l'image de soi vieillissante dans un miroir
- l'incapacité à voir de loin, de près, etc.

Au-delà de ces éléments concrets, nous voulons parler ici d'un sentiment de jeunesse plus intime qui rend la perte plus intense et profonde.

Par ce qui a été perdu, chacun ressent et vit ce sentiment de manière très personnelle.
(v. Annexe 2)

Curiosité d'esprit, expression verbale, sens de la répartie, pouvoir de séduction, désir sexuel, passion, audace, fougue, exaltation, rêveries et jouissance d'une liberté sans limite, telles sont quelques-unes des caractéristiques du sentiment de jeunesse.

Ajoutons à ce tableau, ce qui fait, selon nous une autre partie essentielle de celui-ci, à savoir, deux dispositions : la force de l'insouciance et la désinvolture propre au sentiment de jeunesse dont on peut mesurer maintenant, à l'heure du constat, l'impact de leur possible disparition.

A quel moment de sa vie une personne sent-elle que le sentiment de jeunesse l'a quittée, provoquant alors un changement d'état perturbateur pour sa santé psychique ? 50, 60, 70 ans ou plus ?

En fait, l'âge ne peut être pris pour critère de ce basculement vers une conscience de la perte. Tant que l'adulte âgé possède en lui-même le sentiment de sa liberté, le goût pour les extrêmes et le dépassement, il demeurera loin d'un mal être.
Si, à l'occasion de circonstances difficiles, il fait le constat d'une limite, d'un échec dans sa vie ou si il remarque la détérioration de son cerveau, de son corps, il augmentera le risque de sombrer dans un état de dépréciation de soi, de tristesse et d'abattement.

Certains ne veulent absolument pas vieillir, s'accrochent jusqu'au bout au sentiment de jeunesse perdue, en refusant leur propre réalité.

Cette obstination, cette peur de vieillir conduit parfois au suicide. L'écrivain Romain Gary nous en offre la démonstration par son suicide à l'âge de 64 ans. Il disait deux ans avant son passage à l'acte : "Je ne vieillirai jamais".
Par cette mort volontaire il s'opposait ainsi à la perte - qu'il jugeait inévitable - de son propre sentiment de jeunesse.
Derrière le refus de vieillir jusqu'à en mourir se cache une autre vérité : la non acceptation de perdre l'enthousiasme, l'émerveillement, l'insouciance, la liberté, la passion, la légèreté de sa jeunesse.

Il ressort que la difficile acceptation ouvre à de nombreuses qualités utiles et nécessaires à un vieillissement réussi, comme la maturité, la sagesse, la force, l'épanouissement, la stabilité...
Et de celles-ci, ne convient il pas d'en espérer beaucoup ?

Mais qui peut affirmer que les qualités propres à la jeunesse, en tout ou parties, ne demeurent-elles pas chez la personne âgée ?

Après tout, au travers de ces qualités, ne s'agit il pas de vivre toujours aussi intensément ?

S'émerveiller d'un coucher de soleil, tomber amoureux à 80 ans, animer un repas de famille par des histoires drôles, s'adonner à la danse de salon, atteindre le plus haut sommet de l'Everest à 73 ans, etc. Les exemples d'exploits sportifs détenus par des *vieux* ne manquent pas. Ils se battent, à leur manière, contre la stigmatisation dont ils font l'objet.

Surmonter la perte du sentiment de jeunesse revient à lutter contre soi-même afin d'aller au-delà de soi-même, dans le dépassement de ses limites, opinions et préjugés.

D'ailleurs, il ne fait aucun doute que les idées reçues du regard moqueur ou réprobateur des autres sur soi, jouent un grand rôle dans la retenue, le frein que les vieux mettent en place pour s'empêcher d'agir afin d'obtenir du *plaisir* et du *bien être*.

En définitive, les préjugés cassent l'enthousiasme, l'envie et le désir de ceux qui souhaitent, malgré tout, découvrir de nouveaux champs d'actions et de pratiques - saut en parachute, canoë-kayak... - être au fait des dernières technologies, apprendre le monowalk, visiter, par exemple, la citadelle inca du Machu Picchu à une altitude de 2430 mètres... qui sont autant de sources d'étonnement, d'émerveillement et de libertés.

Oui, contre les défaitistes, les conservateurs, les frileux, les pantouflards, se lèvent les courageux de la vie, les non-conformistes, teneurs d'une existence non pas continuée dans sa zone de confort mais toujours recommencée.

Les *vieux* dont nous parlons sont de cette trempe. Le sentiment de jeunesse ne les a jamais quittés et ne cesse de les habiter.

Troisième chemin
Savoir s'alimenter avec justesse

La destinée des Nations dépend de la manière dont elles se nourrissent.
Jean Anthelme Brillat-Savarin

Comment se nourrir à un âge où les efforts nécessaires à sa vie professionnelle et familiale ne sont plus d'actualité ?
Nous surprendrons certainement les lecteurs si nous disons qu'il faut manger avec intelligence, c'est-à-dire en toute connaissance de cause.

Et en tout premier lieu, se connaître soi-même.
(v. Annexe 3)

Qu'entendons-nous par là ?

Après soixante ans, il est peu probable que l'on ne connaisse pas son corps et comment il réagit à ce qui lui est donné de manger.

A ce sujet, un ami évoquait sa réticence à avaler du concombre ne serait ce que la taille d'une olive. Le concombre qui, on le sait, a la réputation de digestion difficile. Il se sentait alors dans tous ses états, dans l'impossibilité de faire quoi que ce soit dans l'après-midi ou le soir.
Sa seule préoccupation était de digérer cet aliment de la famille des Cucurbitacées !

En réalité, rien de ce que le corps ingurgite comme aliments n'est anodin. Ceux-ci nous rendent la vie facile ou difficile.

A chacun de prendre véritablement conscience de ce qu'il mange pour bien se sentir au fil de la journée et ne pas subir d'inconfort...

Le *bien vieillir*, n'est-ce pas cela au fond ? Etre en harmonie, en paix avec son corps ?

Manger

S'alimenter avec l'assurance que les contenus des repas ne viennent pas perturber le meilleur fonctionnement de l'humeur, de l'estomac, et au-delà, le transit, les selles, sans risque de retenue ou de constipation désagréable.
L'objectif étant d'arriver à cet état de confort corporel, lequel évitera de nombreux ennuis... Quoi de plus gênant et de plus désagréable que de se laisser surprendre par des flatulences à répétition ! Surtout en public !

Rappelons aussi l'intérêt majeur d'une bonne alimentation, car celle-ci contribue fortement à diminuer ou à augmenter l'espérance de vie.

Les meilleurs en ce domaine demeurent les habitants des îles d'Okinawa et de Sardaigne qui consomment beaucoup de céréales, de légumes, de soja et de poisson ; moins de viande, de volaille et de produits laitiers.
D'après d'autres études sur le sujet, mormons, adventistes et moines trappistes, tous végétariens, restent également bien placés sur les courbes moyennes de longévité.

Quoi et comment ?

Globalement, céréales, légumes et bouillons tiennent la vedette et méritent une considération plus grande des candidats au *bien vieillir*.
Toutefois, il appartient à chacun de faire des exceptions autour de célébrations particulières, fêtes et repas familiaux.

Mais là encore, comment ingérer un copieux repas sans risquer une digestion difficile ? Il s'agit de faciliter le processus par un effort de mastication. Ne pas avaler rapidement. Les avis divergent sur le nombre de fois où ça «mâche». Pour les puristes, cinquante fois ! Trente pour les nombreux autres, ce qui nous semble raisonnable.

Dans tous les cas, bien décomposer les aliments dans sa bouche, afin de soulager par la suite le travail de l'estomac et de l'intestin.

Par ailleurs, l'absorption d'une tasse de thé s'avère un excellent moyen de remédier à tout éventuel problème de salive.

Boire de l'eau

Honneur à l'eau qui mérite tout autant notre intérêt que la nourriture solide. Manger équilibré avec intelligence, justesse et application, certainement.

Mais boire, nécessite encore plus de prudence et de vigilance.

Pourquoi ? Parce que les grands seniors ne ressentent pas toujours la soif.

Un phénomène récurant se produit alors : la perte accrue de la sensation de soif entraînant la déshydratation qui s'installe, et plus, la personne ressent tardivement le besoin de boire. Un cercle vicieux dont il convient de se mettre rapidement à l'abri en buvant suffisamment. Sinon certaines conséquences neurologiques et rénales risquent de se produire.

L'une des recettes de la bonne santé et du *bien vieillir* passe obligatoirement par l'eau, l'élément naturel par excellence. Assurez-vous d'une hydratation régulière vitale pour l'organisme.

Combien ? Boire, au moins, un litre et demi d'eau par jour.

Pour se rappeler au bon souvenir de l'eau, voici une technique simple : remplir l'équivalent de la quantité à boire dans sa bouteille et la mettre bien en vue sur une table, un buffet... Cette bouteille deviendra l'amie proche dont on saura apprécier la présence !

Mais l'eau, toujours elle, n'en finit pas de nous surprendre.

Cette fois, bienvenue aux remarquables avantages et propriétés de l'eau *chaude* :

- en premier lieu, la perte de poids (en cas d'excès avéré) par la stimulation du métabolisme
- en second lieu, la détoxication du corps en aidant à éliminer les toxines

  et par conséquent,
- en prévention et pour déjouer son vieillissement prématuré, une occasion merveilleuse de réparer les cellules de la peau en augmentant son élasticité.

Décidément, l'eau n'a pas fini de nous livrer tous ses secrets.

Quatrième chemin
Le corps n'a qu'à bien se tenir

Pour moi, l'essentiel dans le sport, c'est le dépassement de soi auquel il nous oblige sans cesse.
Nancy Horowitz Kleinbaum, *Le Cercle des Poètes disparus* (1990)

Nous souhaitions aborder ce chapitre sur l'activité physique avec ce titre par lequel un sujet de pensée s'adresse à son propre corps avec force et détermination.

Avec le poids de l'âge, il arrive souvent que la pensée se *tienne* mieux que le corps, et ce n'est pas une raison pour qu'elle abandonne celui-ci à son triste sort. Dans une logique du *bien vieillir* ensemble, la pensée doit exiger du corps qu'il partage ses efforts pour un même combat contre l'épreuve du temps.

Pour cela, à côté de la pensée en éveil,
le corps n'a qu'à *bien se tenir aussi* !

Ce corps dont il faut prendre soin afin qu'il se maintienne droit, qu'il gagne en souplesse et qu'il se muscle sans excès pour éviter tout risque de déchirure.

Dans cette perspective de prise en compte du corps et de sa tonicité, faisons une large place à des activités aux avantages et bénéfices considérables pour le *bien être*, la santé et la longévité. *(v. Annexe 4)*

Nous proposons ici, au lecteur, ***trois activités sportives***, qui nous semblent dignes d'intérêt pour l'aider à prévenir certaines maladies liées au vieillissement, mais aussi pour renouer et les conjuguer avec la sensation de plaisir :

Pilates

Technique d'exercices physiques souvent recommandée par les professionnels de santé ; la demande de cette activité physique ne cesse d'augmenter et l'offre de séances progresse dans certaines salles de sport et de nombreux coaches personnels dispensent des cours adaptés.

A l'origine, Joseph Pilates (1883-1967), créateur de la méthode, entraîne et rééduque des danseurs professionnels dans son studio de New York. Il invente des exercices inspirés du yoga, de la gymnastique ainsi que des techniques respiratoires.

Puis il conçoit de nombreux appareils pourvus de ressorts dans le but de rectifier les mauvaises postures et développer le corps de manière harmonieuse.

La méthode *Pilates* pousse à la préparation et à l'entretien d'une forme physique et mentale grâce à l'art du contrôle dans le mouvement.
Sa pratique offre précisément :

- le maintien d'une posture correcte, droite
- l'entretien de la mobilité articulaire
- la gestion de son autonomie (force, souplesse, équilibre, concentration et coordination)
- la réduction des risques d'incontinence en préservant le maintien des organes pelviens (plancher pelvien tonifié)
- le renforcement des muscles abdominaux profonds (facilite la poussée des selles et évite la constipation).

En définitive, le corps *fonctionne mieux*, devient plus performant et plus disponible au quotidien. Après quelques séances de Pilates, voilà que les douleurs de fatigue sont oubliées (dos, nuque, jambe).

Au-delà de l'activité physique proprement dite, la méthode *Pilates* développe une attitude par laquelle chacun trouve un équilibre de vie.

Pour les seniors et seniors+, le *Pilates* représente donc une démarche idéale pour le *bien vieillir*, une importante ressource pour fonctionner dans la vie quotidienne, pour le *bien être* et pour l'autonomie.
Sa pratique donne également des opportunités de contacts sociaux.

Le cyclisme

La pratique du vélo (surnommé affectueusement et de longue date *la Petite Reine*) mérite toute notre attention. Discipline très complète, le cyclisme peut se faire en plein air, en contact avec la nature. Heureux les sportifs vivant à la campagne !

Le vélo, pratiqué régulièrement, procure assurément une réelle détente.
Il permet de travailler le cœur dans les meilleures conditions tout en élevant sa puissance de contraction.

Une demie heure de vélo par jour suffit à diminuer sensiblement les risques cardio-vasculaires (*British Medical Journal*).

L'Equipe dans un article du 29 juin 2016, relève certains bienfaits obtenus par cette pratique :

- aide à mieux respirer
- améliore la circulation sanguine
- accompagne la perte de poids
- renforce les os
- permet de dessiner les muscles
- favorise la relaxation
- développe le système neurosensoriel

Rien que ça ! Cette impressionnante liste vaut largement le prix d'une bicyclette. Alors ? Sans hésiter, à vos guidons !

Le mini trampoline

Devant cette nouvelle activité, nous percevons l'étonnement du lecteur. Quoi ! Faire du trampoline à nos âges ?

Oui, car les petits sauts au trampoline produisent des effets surprenants sur le corps.
Et tout d'abord, le sens de l'équilibre, et on sait combien l'angoisse de perdre l'équilibre est présente chez les personnes au-delà d'un certain âge.

Notons justement le rôle qu'il joue dans la prévention des chutes par le renforcement de l'équilibre.

Retrouver le contact avec le sol conduit à une position plus stable... une nouvelle aisance et une sécurité à enfiler des chaussures à hauts talons !

A quel rythme ? La durée d'un tel exercice sportif se détermine en fonction des disponibilités et des possibilités de chaque personne : deux fois trois minutes pour l'une, trois fois cinq minutes pour une autre.

Un atout supplémentaire pour le mini trampoline : la liberté de pouvoir le pratiquer aussi bien à l'intérieur de la maison qu'à l'extérieur, dans son jardin par exemple.

Les effets positifs à l'usage du trampoline vont se ressentir aussi bien sur un début d'ostéoporose (renforcement des os) que sur les douleurs articulaires de l'arthrose.

Les muscles ainsi activés ne sont pas en reste, et comme disait un passionné lors de son exercice matinal *(...) quand les muscles sont plus forts, l'esprit également (...)*.

Mais le plus important, sans aucun doute, n'est-ce pas cette dimension ludique que les petits sauts procurent ? Pour certains, un rappel réjouissant des petits sauts que l'enfant s'amusait à faire sur son lit !

Le ***mini trampoline*** est sans conteste, une activité physique sportive qui donne de la bonne humeur et de la joie.

D'autres activités physiques peuvent être également envisagées comme le footing, la randonnée, la natation, l'aquagym, le yoga, la gymnastique, la musculation, les arts martiaux, etc.

Sauf avis médical, il n'y a pas de frein particulier à pratiquer des exercices corporels visant, rappelons le, à améliorer ses défenses immunitaires, entretenir ses muscles et surtout à créer du lien social et diminuer par conséquent le risque de dépression.

Cinquième chemin
Contre l'angoisse du vieillissement, la méditation

C'est fascinant de voir la plasticité du cerveau... en pratiquant la méditation nous pouvons jouer un rôle actif dans l'évolution de notre cerveau, augmenter notre bien être et notre qualité de vie.
Dr Britta Hölzel, *Etude*, Université de Giessen, Hôpital Général du Massachussetts de Boston

Il arrive que le senior dont nous parlons, soit saisi d'*une angoisse* redoutable, celle *du vieillissement*.
Celle-ci surgit au détour d'une conversation, à la façon dont on nous observe, usant de précautions avec nous, ou bien à la vue d'un passant courbé sous le poids de l'âge.

Une question se pose alors, inquiétante, terrible. Où et comment vais-je vieillir ?

Quelque chose d'inéluctable se dessine qui plonge chacun d'entre nous dans un profond désarroi, devant ce que le miroir reflète chaque jour davantage... ce visage qui vieillit malgré les soins quotidiens apportés à celui-ci...
C'est bien une image de soi peu agréable et dévalorisante qu'il s'agit de repousser, et contre laquelle il faut lutter sans relâche.

Car lorsque vieillir s'annonce comme l'antichambre d'une angoisse plus radicale, celle de la mort, il convient expressément de soulager cette *angoisse du vieillissement.* Celle qui étreint le sujet dès son réveil, en ne lui offrant que des mauvaises pensées sur lui-même, cette angoisse qui risque de paralyser son esprit, puis son corps, en le privant de toute initiative de reconquêtes ou de perspectives.
Car cet esprit agité par la perspective du mal vieillir se refuse à inventer de nouvelles formes de pensées et d'existences.

Comment retrouver la paix, la sérénité en face de ce cataclysme psychologique représenté par l'angoisse de vieillir ?

Comment retrouver le calme en soi afin d'agir avec lucidité et justesse dans ses choix de vie ?

La méditation nous apparaît ici comme une des manières adéquates pour affronter puis effacer cette angoisse.

L'idée centrale de la méditation c'est de diminuer l'anxiété et le stress, améliorer le sommeil, atténuer le trouble dépressif mineur, renforcer le système immunitaire et booster son fonctionnement.

Les personnes qui pratiquent la ***méditation***, sous quelque forme que ce soit - et nous en décrirons ici quelques variations expérimentées - *peuvent réussir à modérer, modifier leur vision pessimiste du monde en lien avec la peur de vieillir.*
L'individu vieillissant qui médite pourra ainsi positiver dans cette expérience intime et accepter cette nouvelle tranche de vie, découvrir un temps nouveau privilégiant l'intériorité de la conscience.

La pratique régulière de la méditation, fort simple au demeurant, nécessite peu d'accessoire, juste une pièce aérée, des vêtements amples, et surtout la volonté de s'y mettre.

Il existe ***quatre types de méditation*** vers lesquels chaque personne peut aller, selon la voie recherchée et sa capacité d'adaptation :

- ***la méditation Vipassana***
  Vipassana est l'essence même de toutes formes de méditation dont le but est de purifier l'esprit, éliminer les tensions, remplacer les pensées négatives par des choses positives.
  C'est donc une technique de déconditionnement de l'esprit.
  Elle est l'une des techniques de méditation les plus anciennes de l'Inde où elle était enseignée, il y a 2500 ans comme un remède universel aux maux universels. Un art de vivre.

  Vipassana signifie *voir les choses telles qu'elles sont réellement* ou *la vision pénétrante* en pali.
  Cette forme de méditation est principalement *basée sur l'attention, la concentration, la respiration*. L'individu doit focaliser son attention sur ses cinq sens (vue, ouïe, goût, odorat, toucher) et sa pensée.

Ne considérer que ce qui se passe à l'instant présent, sans pour autant s'échapper de la réalité. Une exploration de la réalité sous tous ses angles, une exploration de soi-même et de son monde intérieur.

- ***la méditation de pleine conscience***

il s'agit d'apprendre à être plus présent à soi, en prenant conscience d'être là, vivant, de respirer, et au monde qui nous entoure en prenant le temps de l'écouter, le contempler, le ressentir. La pleine conscience permet de se libérer du flot de pensées négatives et des ruminations mentales, de mieux gérer ses émotions et lâcher prise...

- ***la méditation transcendantale***

comment chasser cette angoisse du vieillissement, sinon par l'utilisation de mots répétitifs ?
Appelés *mantra* comme le *Om* où il est important de se concentrer sur la vibration que ce chant produit à l'intérieur de soi, puissant et apaisant.
Chaque séance de méditation transcendantale amène le méditant à un état de profond repos tout en ayant l'esprit pleinement éveillé et le cerveau en état de grande cohérence de fonctionnement ; autrement dit, l'esprit est calme mais alerte, le corps au repos.
Cet état de *vigilance au repos* est ce que l'on appelle la *conscience transcendantale*. Des bienfaits reconnus pour le corps et l'esprit : cet état unique de repos libère le système nerveux d'une fatigue générale, il dissout les tensions profondément enracinées dans la physiologie.
Une influence rajeunissante constatée par une meilleure coordination entre le corps en meilleure santé et l'esprit plus serein.
La pratique de la méditation transcendantale élargit la conscience, réduit le stress, améliore la santé, favorise une activité efficace et épanouissante ainsi que l'amélioration des relations et comportements qui se manifestent par une meilleure qualité de vie individuelle et collective.

- ***la méditation zen***

trois mots résument ce type de méditation : *posture, respiration, conscience*.
Une grande liberté intérieure se réalise parce que l'on ne cherche ni à fuir, ni à poursuivre quoi que se soit. Un lien profond avec l'univers tout entier pour effacer ruminations et tourments de la pensée. La position assise procure l'avantage, avec l'expérience, de méditer plus longtemps.

C'est grâce à cette méditation - dite Zazen, qui constitue le cœur du zen - en position assise que le Bouddha s'est éveillé il y a 2600 ans. La posture, la respiration, la conscience (apparition - disparition des pensées) induisent une attention bien précise.

On l'appelle également «Shikantaza» = assis.
Bénéfices de la méditation zen : apaisement, esprit clarifié, stabilité de l'être au milieu des tourments de l'existence.
Le secret du zen : asseyez-vous, simplement, sans but ni esprit de profit, dans une posture de grande concentration.

On vient de voir ô combien la pratique méditative peut avoir comme effets positifs et salvateurs sur l'angoisse du vieillissement. Son exercice met bien un terme aux flux de pensées négatives et au mal être de l'existence.
(v. Annexe 5)

Sixième chemin
Départ à la retraite, les nouveaux choix

Une belle retraite vaut bien une belle entreprise.
Baltasar Gracián y Morales, écrivain philosophe (1601-1658) *L'homme de cour (1646)*

Moment difficile pour de nombreuses personnes qui partent à la retraite. Des questions se posent alors : comment aborder ce passage périlleux qui les fait passer de l'activité professionnelle à son absence ? Cette possibilité de l'ennui que le futur retraité appréhende avec inquiétude ne cesse de le hanter.

Il faut bien comprendre que si, pendant de nombreuses années, la relation au travail a été vécue comme essentielle à la vie du salarié, la retraite installée vient opérer soudainement une bascule vers la fin de cette relation majeure au travail.
Parfois, chez certains individus, la fin de l'activité professionnelle s'apparente à une perte profonde et durable dont les effets psychologiques perdurent dans les mois qui suivent le départ à la retraite.
Silence, apragmatisme, retrait sur soi, trouble du sommeil, irritabilité, dépression signalent des symptômes révélateurs d'une personnalité et d'un état fragilisé.

Comment sortir de cette période d'incertitude, de doutes et de désarroi qui marque ce passage du plein travail à la retraite ? «Que faire de ce temps qui ne s'écoule plus comme avant ?» se dit le nouveau retraité. Un profond sentiment d'ennui le guette et le pousse à s'interroger, réfléchir à sa situation devenue insupportable.
Beaucoup de temps passé à la maison, avec la personne qui partage sa vie ou confronté à la solitude. Voit-il les membres de sa famille, ses amis, ses anciens collègues de travail ? Peut-être. De toutes manières, les échanges interpersonnels restent modestes et le conduisent à un plus grand sentiment d'isolement.

Nous avons volontairement décrit un scénario pessimiste de l'existence du retraité, mais, que se passe-t-il en réalité ?

En est-il toujours ainsi ? Certainement pas. Le retraité mérite scénario plus optimiste porteur d'une histoire autre, beaucoup plus féconde en termes de perspectives.

En effet, l'espérance de vie ayant augmenté, quatre-vingt-cinq ans en moyenne, elle ouvre et offre plus de temps à vivre.

Que faire de ce temps d'existence qu'ignorèrent nos ascendants ? Ne pas investir ce temps gagné grâce aux progrès de la science, constitue une provocation, un scandale, pour tous ceux qui n'ont pas eu cette chance !

A partir de cette idée force, de cette urgence, il semble, à coup sûr, que de nouveaux choix de réalisations, de projets soient à entreprendre.

On dépense son esprit dans le monde ;
dans la retraite on ajoute à celui qu'on a.
John Petit-Senn, *Les bluettes et boutades*

Il appartient à chacun de ne pas se sentir obligé d'agir dans ce sens. Après tout, à l'heure de la retraite, l'un ou l'autre réagit comme bon lui semble.
(v. Annexe 6)

Mais pour tous les autres retraités ?

La préparation à la retraite s'avérera un excellent moyen de réfléchir en amont afin d'organiser, de planifier emploi du temps et projets à réaliser.

Il revient aux autres, lesquels n'ont pas bénéficié d'une telle formation, soit de se faire aider dans cette démarche par des coaches de vie, soit de partir à la découverte de centres d'intérêts nouveaux et motivants.

Seule, la détermination d'agir pour avoir le sentiment d'exister conduit, selon notre opinion, à l'assurance d'un *mieux être*.

Septième chemin
Les centres d'intérêts comme force d'attraction

Pendant toute ta vie, vis et apprends : vis pour apprendre et apprends pour vivre.
Les Proverbes de l'Allemagne (1886)

Derrière ces deux mots se cache souvent la raison de ce qui fait bouger, agir les adultes âgés. Que nous dit la définition relative au concept de ***centres d'intérêts*** ? Nous lisons ainsi : point de convergence, d'attraction, ce qui est capital, essentiel.

On le comprend, ce concept de *centres d'intérêts* a une importance considérable pour ce qui nous occupe. En effet, la participation active des personnes âgées dans l'environnement socio économique, culturel et politique est fondamentale pour un *vieillissement réussi*.
Pourquoi ? Pour une raison fort simple en vérité : faire vivre ses *centres d'intérêts* recouvre un ensemble de cognitions, de comportements et d'attitudes propres à manifester un déploiement de capacités d'existence.

Attiré par, poussé vers, affinité avec, intérêt de... voilà quelques termes indiquant ces mouvements qui conduisent un individu à s'arracher à l'immobilité psychique et corporelle.

Qu'importent les *centres d'intérêts*... ateliers de poteries, d'écriture, ski de fond, confection de bijoux, peinture, bénévolat, jeux d'échecs, tennis, voyages découvertes, parapente, bricolage, collections diverses, cuisine, étude des langues, apprentissage et pratique d'un instrument de musique...

Liste non exhaustive évidemment, où chacun ne manquera d'évoquer sa passion. Contre la force de l'inertie et de l'apathie, l'envie, le désir de... reste toutefois activé.
A côté du quotidien de l'adulte âgé, autre chose se prépare et le mobilise autour du *centre d'intérêt*, réclamant de sa part tonus et énergie.

A supposer qu'il multiplie ses *centres d'intérêts*, le senior se voit même contraint de mettre une organisation du temps rigoureuse afin de gérer au mieux ses activités.

Impose ta chance, serre ton bonheur et va vers ton risque.
A te regarder, ils s'habitueront.
René Emile Char, poète (1907-1988)

Prenons l'exemple de François, qui, à 75 ans ne cesse de naviguer dans une existence pleine.

Quatre *centres d'intérêts* occupent son temps :

- Le bénévolat, deux fois par semaine où il intervient pour La Croix Rouge
- L'activité sportive pratiquée quatre fois par semaine avec le Pilates, le RPM, le TRX
- L'entretien d'une maison de campagne familiale dans laquelle il se rend régulièrement (élaguer les arbres, restaurer les meubles, réparer la toiture...)
- La participation à un groupe de rencontres culturelles et festives (expositions, repas partagés, conférences...).

Remarquons avec cet exemple, à quel point, l'âge ne représente aucunement un handicap de *statu quo*. Bien au contraire, il marque, pour cette personne très active, la volonté d'être vivant, dans son temps.
Le corps usé, physiologique se voit mis au second plan, oublié au profit du faire, associé au plaisir de faire.

Ressentir du plaisir à être au monde, à échanger avec les autres, participer à la vie sociale contribuent largement à repousser les limites du vieillissement.

La passion des voyages prend une place toute particulière dans la dynamique des centres d'intérêts. Le voyage qu'il soit un agréable séjour ou découverte représente *l'ailleurs* par excellence. Il convie le senior à quitter sa maison, son quartier, ses habitudes, pour franchir le pas vers de nouvelles aventures.

Un homme de 69 ans me racontait son étonnante histoire faite de rencontres et de voyages.
Alors qu'il était en vacances dans un hôtel Suisse, il noue une relation amicale avec une jeune stagiaire hongroise. Rentré à Paris, il prend soudain la décision de repartir en voiture chercher la jeune fille pour la ramener à Budapest, au domicile familial.

Il est alors accueilli et séjourne dans la maison de sa protégée qui lui fera visiter la capitale hongroise et ses environs.
Comment comprendre cette folle aventure, sinon comme un acte de grande générosité, de liberté et surtout d'énergie.
Voilà notre presque septuagénaire devenu globe-trotter pour le goût du voyage, de l'extrême, de l'amitié. Il restera en relation avec cette famille hongroise des années durant, avec échanges d'e-mails pour les recevoir à son tour à Paris.

On le voit, la plus légère démarche conduisant l'adulte âgé à sortir de son isolement s'avère profitable, féconde et riche en découvertes.

Les ***centres d'intérêts*** méritent toute leur place dans la problématique du *bien vieillir*.
Ils apparaissent, de manière incontournable, indispensables, de manière constructive à l'évolution psychologique, positive et au sentiment de pleine existence.

Huitième chemin
Apprendre pour toujours

Mieux vaut apprendre tard que jamais.
Les Proverbes et adages du Danemark, 1956

Ce chemin offre à l'adulte âgé l'un des moyens les plus appropriés de s'ouvrir au désir d'être existant.
C'est celui d'***apprendre***, non pas en lien avec un apprentissage donné et limité dans le temps, mais *pour toujours*.

Ce qui signifie que cette détermination à apprendre s'inscrit dans un renouvellement permanent des apprentissages désirés. Dès que l'un est acquis, un autre pointe le bout de son nez. Et celui-ci apparaît comme désirable au cœur des interactions avec l'environnement.

La découverte d'un apprentissage peut également être aussi bien fortuite (émission de télévision) que voulue par la nécessité du moment (maîtrise d'une langue en pays étranger).

Il s'agit donc de voir l'apprentissage comme un mini projet à réaliser, à finaliser *tirant* le senior vers le futur. Dans ces actions, ou plutôt ces conquêtes de contenus d'apprentissages à acquérir, réside l'un des secrets du *bien vieillir*.
En effet, *bien vieillir* n'est-ce pas engager de nombreuses qualités ralentissant le vieillissement comme la création, l'esprit de curiosité, la capacité de changement et d'adaptation, la volonté, l'effort, l'obstination, l'initiative, la concentration, la mémorisation, etc.

Si l'un des principaux soucis auquel est confronté l'humain vieillissant s'appelle *désir*, *apprendre toujours* marque l'éveil à celui-ci.
Désir inlassable d'apprendre et d'acquérir connaissances, savoirs et pratiques. Afin d'illustrer ce chemin des apprentissages empli de curiosité, nous proposons au lecteur quelques histoires, motifs et témoignages d'apprentissages, certains, plus ou moins connus, d'autres moins familiers et plus insolites.
(v. Annexe 8)

S'initier au voyage découverte

Agé de 67 ans, André a décidé, de découvrir avec son épouse, l'Ouest américain en voiture climatisée. Un rêve de toujours qu'ils préparent depuis cinq années.

Ce voyage comprend différentes étapes jalonnées par la découverte du Parc National de Yellowstone, les bisons des Grandes Plaines, les visages du Mont Rushmore, les méandres du Grand Canyon, les séquoias de la Sierra Nevada. Des villes aussi, comme San Francisco, Los Angeles, Santa Fé, Las Vegas.

Pour cela, rien n'a été laissé au hasard. Les époux se sont investis et surtout passionnés pour ce voyage. Les guides, les cartes routières, le détail des journées, la location de voitures, la réservation d'hôtels, les restaurants végétariens. Rien n'a été laissé au hasard pour ce voyage découverte de près de 10 semaines !
Afin de rendre le voyage aussi aisé et agréable que possible, le couple s'est astreint, pendant de nombreux mois, à apprendre l'américain, par téléphone, avec l'aide d'un correspondant californien !

Programmer à deux un tel voyage a nécessité une collaboration et un partage d'informations permanent. Ce projet commun a rapproché le couple sur le plan affectif et relationnel.
Dès que ce voyage prendra fin, le couple envisage, avec la même ardeur de découvrir l'Australie.

Apprendre les claquettes

Un soir, alors que Miriam regarde la télévision, c'est le choc. On retrace la vie de Fred Astaire illustrée par des films et de nombreux numéros de danse. L'art de l'artiste l'impressionne et surtout, il semble si heureux quand il danse !

Agée de 72 ans, Miriam sait qu'elle tient encore bien sur ses jambes, et le cœur est... au beau fixe.
Elle décide de se former, sans retard aux claquettes.

Consciente que cette expérience risque de durer le temps du maintien de ses capacités, elle éprouve l'irrépressible envie de se frotter à ce challenge.

Même si son entourage socio-familial juge cette expérience de manière défavorable, voire dangereuse pour les risques de chute, Miriam tient bon. L'idée d'apprendre les claquettes la transporte de joie et lui procure déjà un sentiment de légèreté, d'enthousiasme.

Dès son premier cours, Miriam se trouve en présence de candidats aux claquettes, d'âges et de conditions sociales très variées. Elle perçoit que chacun se concentre sur les premiers pas à effectuer.

Progressivement, ses efforts aboutissent à des résultats spectaculaires dont elle se sent fière.

Deux fois par semaine, elle retrouve la piste de danse avec ses nouveaux amis, avec un énorme sentiment de satisfaction. Désormais, comme une addiction, il ne se passe pas un jour où elle ne répète pas inlassablement, à son domicile, les pas de claquettes acquis durant les cours.

Animer un blog

Pour François, la passion des informations et découvertes scientifiques remonte à plusieurs années. Il se souvient qu'il avait 8 ans quand il commençait déjà à découper et à classer tout ce qui concernait le monde de la science et ses différents domaines.

Aujourd'hui, à 81 ans, il s'est mis en tête d'animer un blog afin de partager avec le grand public la masse d'informations scientifiques qu'il ne cesse de récolter chaque jour. En effet, il est abonné, aux principaux journaux, magazines et revues scientifiques tels que : La Recherche, Pour la Science, Science et Avenir, Science et Vie, Ciel et Espace, La revue du Palais de la Découverte, etc.

La liste serait bien longue des revues et magazines, y compris ceux publiés en anglais, que François reçoit et dépouille quotidiennement. Véritable puits de connaissances scientifiques, et maîtrisant correctement l'outil informatique, l'informatique, le voilà aux commandes d'un support de transmission qu'il alimente d'articles, de résumés, de réflexions personnelles.

Au début de la création du blog, François ne savait pas très bien s'en servir, mais il a appris, organisant son matériau de la manière la plus efficace possible. Classer, affecter, différencier, réunir, grouper, catégoriser la somme d'informations qu'il possédait.

Chaque jour, il passait des heures à enrichir ce blog, lequel recevait de plus en plus de visiteurs et renforçait ainsi son idée, la valeur de son objectif initial : partager à une plus grande échelle ce qu'il avait appris.
Physique, astrophysique, chimie, biologie, géologie, écologie, climatologie, statistiques etc.

Les résumés d'articles produisaient de nombreux commentaires auxquels il réagissait avec excitation et délectation.
L'investissement et l'énergie déployés pour alimenter son blog renvoyaient son âge aux calendes grecques.

Vis comme si tu devais mourir demain.
Apprends comme si tu devais vivre toujours.
Mahatma Gandhi

Neuvième chemin
L'amour, l'amitié et la tendresse

Lorsque l'on est regardé avec amour, l'âge perd de sa cruauté...
Emmanuelle Béart

Les chemins conduisant au *bien vieillir* se passent ils de l'**amour**, de **l'amitié**, ou de la **tendresse** ? Certainement pas.

Il s'avère que ces trois sentiments tiennent une place essentielle dans le paysage de l'aventure du vieillissement.
Ces trois termes, quand on pense à eux, possèdent une étrange capacité, celle de la transformation.
En effet, l'un des termes peut, à tout moment dans la vie, changer de statut et se transformer pour devenir l'autre.

L'amour du début, au fil du temps, peut s'émousser pour apparaître comme une amitié solide entre deux êtres.
La tendresse se présente comme une affection singulière dont chacun des partenaires d'une vie appréciera la valeur dans des périodes difficiles, de solitude et de mal être.

Cette *conversion* de l'amour en amitié assure, fort heureusement, la pérennité des relations au sein du couple, dans la mesure où il *tient* désormais à autre chose, au delà des vicissitudes de l'amour.

Il reste que la question de la fidélité à un choix amoureux réclame beaucoup d'énergie. Et celle-ci ne faiblit pas, prenant différentes formes : dispute de points de vue, débat contradictoire, opposition, solidarité, partage, compréhension, bienveillance.

Comment *bien vieillir* dans ces nouveaux rapports s'établissant désormais au sein du couple ?
Il s'agit alors de comprendre et d'accepter ce changement de sentiment qui va de l'amour à l'amitié, de l'amour à la tendresse.
L'adhésion à ce changement de perspective est fondamentale pour le couple, car il écarte les regrets comme toutes les frustrations et nostalgies relatives à la passion amoureuse.

La sagesse et la sérénité ont fait place aux crispations, aux ruminations du passé dans lequel les amants vivaient intensément leur amour passionnel.

Transfiguration, adaptation, métamorphose de l'amour, de l'amitié ne cessent de surprendre l'adulte âgé et le portent vers des chemins inédits, insolites et réjouissants.

L'amitié

L'amitié, c'est la fidélité, et si on me demandait qu'est-ce que la fidélité ? Je répondrais, c'est l'amitié !
Julio Iglesias

Au plus profond de la solitude de l'homme vieillissant, l'*amitié* ou son souvenir reste le roc, le lien indestructible sur lequel il sait qu'il peut s'appuyer.

L'ami, le véritable, se présente toujours dans une fidélité incomparable, répondant au moindre appel de détresse dont il reconnaît le signal, sans rarement se tromper.

Quand on vieillit, il importe à chacun d'entretenir ces amitiés, voire d'en développer de nouvelles afin de partager sans relâche, bonnes ou mauvaises nouvelles, histoires, chroniques, teintées d'espoirs ou d'inquiétudes. Pourquoi *sans relâche* ? Parce que *relâcher* les liens d'amitié revient à prendre un risque. Celui de s'enfermer dans l'isolement, la profonde solitude, l'abattement, le précipité vers la dépression. La rupture d'une amitié de longue date plonge chacun dans un profond désarroi.
En effet, vers qui se tourner à présent pour trouver soutien, aide et réconfort ?
De ce risque d'isolement, de prostration, il convient de s'en abstenir, et de s'ouvrir à la demande de contact, de proximité et enfin d'amitié.
Accepter de recevoir l'autre avec plaisir, avec bienveillance.
La poursuite du lien social contribue pour une part essentielle au *bien vieillir*.

Remettre toujours à plus tard, une invitation à sortir, à visiter quelques lieux ou musée, ou à voyager, bloque, court-circuite l'élan, la dynamique des premiers échanges. Plus que l'adulte, le senior se doit de vivre l'instant présent, sans le repousser par des formules du type *une prochaine fois,* ou, *on verra, quand je serai un peu mieux*.

Des atermoiements, des décisions remises à plus tard ralentissent les processus de présence immédiate aux autres, au monde. Quel sens cela peut-il y avoir, pour une personne âgée dont le capital temps reste toutefois limité, de refuser sans relâche ce qui lui est proposé, offert ?

L'amitié entre deux êtres aux cheveux blancs réclame autant que de la disponibilité et de l'engagement réciproque, une certaine urgence. Favoriser ainsi les possibilités de montée d'adrénaline afin de vivre des rencontres stimulantes, des retrouvailles, ou alors jouir d'une proximité durable, sans faille.

L'amitié, un fervent et chaleureux face-à-face, fait oublier les doutes et les appréhensions du vieillissement *par l'ici et maintenant* de la relation.

L'imminence d'une rencontre amicale possède la saveur du renouveau. Prendre un café au soleil, partager un déjeuner, un dîner, une activité culturelle, c'est ressentir une satisfaction, un grand bonheur, un bain de jouvence quand la personne amie est bien plus jeune !

En ce domaine, aucune règle ne prédispose à ce que les personnes âgées ne fréquentent que des personnes de leur génération. Il nous appartient aujourd'hui de casser cet usage consistant à assigner des places fixes à chacun, selon des classes d'âge. Rien n'est plus faux.

Une belle amitié se fonde avant tout sur l'alchimie propice à réunir deux êtres, un groupe, un collectif... Il revient aux uns et aux autres, au-delà des générations d'avoir le courage de ces amitiés et de les conserver.

Dans ces rencontres intergénérationnelles, il s'agit aussi de savoir conjuguer l'ancien et le nouveau, afin que l'*ancien* apprenne tout des progrès en cours et de l'actualité contemporaine pour ne pas se laisser distancer.

Se tenir au fait des modes de pensées, des courants d'idées culturelles et artistiques, des évolutions technologiques, hisse le senior largement à la hauteur de son temps.
L'acquisition de cette posture lui donne un regain d'intérêt pour son environnement complexe, et l'inscrit dans un mouvement d'apprentissage et de développement personnel permanent.

Si l'amitié se définit comme une source où chacun s'abreuve à profusion, avec le sentiment fort d'ouverture à l'autre, l'adulte âgé, en cette manière d'être, s'en trouvera largement récompensé. L'amitié offre les meilleures ressources d'embellissement de sa vie.

Une amitié peut naître sur la terre la plus aride et la plus improbable.
Maeve Binchy

Revenons au couple.
Au terme d'un amour passionné, une amitié se dessine entre les vieux amants. Rien ne les disposait à ce nouvel état et pourtant, après quelques remous, conflits, les choses évoluent dans le sens de l'amitié.
Un sentiment noble qui rapproche à présent les amoureux d'antan, débarrassés de jeux psychologiques néfastes à leur relation.
Maintenant, devenus amis, ils collaborent activement à la réalisation de projets, en commun ou séparés, comme les voyages, les activités sportives, les retrouvailles avec les enfants, les repas de familles, etc.

De cette connaissance acquise qu'ils ont de leur caractère, de leur personnalité, de leur force et faiblesse, les partenaires d'une vie ont construit un édifice de complicité et de solidarité.
Ils font de celui-ci un socle, le pilier de ce nouveau sentiment les unissant sans réserve : **l'amitié**.

L'amour

L'amour est aveugle par éblouissement.
Albert Brie, *Le mot du silencieux*

La possibilité de l'éclosion d'un **amour** entre deux personnes dites *âgées* appartient, dans l'inconscient collectif à une bizarrerie, ceci afin de ne pas le considérer comme tabou.
Il semble difficile, en effet, de dissocier l'amour du sexuel.
Cette image de deux *vieux* amoureux n'a guère sa place dans la société actuelle où seuls les esprits et corps plus jeunes méritent d'avoir cette disposition à aimer, à aimer physiquement, charnellement et pourtant...

Le *bien vieillir* pour un homme, une femme, réside dans cette capacité à éprouver un sentiment amoureux. Soit, parce qu'il dure depuis longtemps, soit, parce qu'il se déclare tardivement. Dans les deux cas, il provoque à l'intérieur de soi des émotions extrêmement positives, lesquelles agissent sur la volonté, en chacun, de partager ensemble ces si précieux moments de la vie.

L'amour, pour un être, fait aimer la vie, et cela donne à l'adulte âgé, ardeur, force et détermination. Se sentir aimé de l'être cher aide à renforcer son narcissisme, affirmant la confiance en soi.

De nombreuses personnes n'osent pas affirmer le désir d'amour charnel comme si cela était, indélicat, inconvenant.
Pourquoi ?
Probablement à cause de quelques préjugés qui ont la vie dure, comme l'image de son propre corps fatigué, vieillissant, à présenter, à l'être désiré.

Qui s'arroge le droit de juger d'un tel besoin, d'une telle demande de proximité ?

L'expression *je vous aime* ne se limite pas exclusivement à une tranche d'âge, mais au contraire, ouvre à l'inépuisable de l'amour, la plus belle des aventures émotionnelles qui se poursuit ou qui commence.

A nouveau, il serait bien difficile de passer sous silence l'aspect sensible vif, sexuel de la relation entre les amoureux sexagénaires, septuagénaires, octogénaires...

Quels sont les bienfaits du sexe sur la santé ?

- combat le cancer de la prostate
- améliore la qualité du sommeil
- baisse le rythme cardiaque
- favorise une bonne pression artérielle
- donne une sensation de jeunesse retrouvée et stimule la libido

L'idée selon laquelle le sexe, pratiqué à tout âge, est bon pour la santé reste vraie. Si la puissance sexuelle ne fait pas défaut à l'homme, il lui revient de modérer ses ardeurs à cause des risques cardiaques, bien entendu.

Pour certaines femmes, l'image de soi, les changements hormonaux, la baisse de la libido jouent un rôle non négligeable dans la perspective d'échanges sexuels, mais d'autres - nombreuses - s'accordent à vouloir encore du plaisir et de la jouissance.

La sexualité permet à chacun des partenaires de retrouver un regain de narcissisme. Jouir, faire jouir apporte un sentiment de jeunesse que chacun des amants pensait avoir oublié, perdu.

Dans le cas d'une nouvelle rencontre amoureuse et sexuelle, organiser un rituel de rapprochement tactile, sensuel, charnel, offre de bonnes garanties pour lever toutes les inhibitions relatives à la perception des corps respectifs.

Créer une ambiance avec lumière tamisée, parfums, encens, massage corporel avec huiles essentielles, musique douce, etc. incite à la réunion des corps.

Prendre le temps de se découvrir sexuellement à n'importe quel moment de la vie contribue à faire de son âge, non plus un handicap, mais une véritable force.

La tendresse

«La tendresse sauve tout
Quand l'amour a mis les bouts»
Pierre Perret, *L'amour et la tendresse*

Pour le vieux couple, la *tendresse* pacifie les conflits anciens et le passif des ressentiments qui y sont associés. Les sentiments tendres se glissent à présent dans ce qu'il reste d'amour. Toutes choses semblent apaisées et ce duo devient *partenaires tendres*, car le temps use même les plus rebelles.

Ils visent, par le partage de leurs actions communes, la paix contre la guerre... Plus de crise ni de parole dure afin d'obtenir plus de compréhension et de concessions réciproques.
Ils manifestent entre eux un soutien, une attention discrète, apparaissant ainsi aux yeux des proches comme un adoucissement du lien... l'aura d'une certaine douceur de vivre !

La tendresse procure au couple de poursuivre ensemble un chemin allégé des embûches de la vie, des relations difficiles et permet au *bien vieillir* de s'installer et de se renforcer.

En ce *neuvième chemin* nous constatons que les dimensions de l'***amour***, de l'***amitié*** et de la **tendresse** donnent au *bien vieillir* une couleur, une vibration, une vigueur qui méritent tout notre intérêt.

« ...La pulsion de tendresse est telle une seconde peau...»
Sabine Fos Falque, *La Chair des émotions*

(v. Annexe 9)

Dixième chemin
Entretenir une belle image de soi… l'Art de la Joie…

«L'âge s'empare de nous par surprise», Goethe

La représentation de sa propre image est sans doute une des difficultés relative au vieillissement.
Celle que l'on offre à soi-même et aux autres.
Ces deux images peuvent conduire à des appréciations opposées, soit à l'estime de soi, soit à son contraire, une image dévalorisante.

Ainsi, une sorte de mépris, de déconsidération de soi-même apparaissent sensiblement, sentiments marqués par la tristesse ou le désespoir. Dans une lutte inégale, chaque jour apporte son lot d'hésitations, d'inefficacité.
L'image de son vieillissement dans le miroir, dans le quotidien au détour d'une remarque du type *comme tu as changé, je ne t'aurais pas reconnu !* n'arrange pas les choses, car les faits sont là, indubitables, le temps a fait son effet…

De nombreux signes trahissent cette évolution dégradée du corps : les cheveux blanchissent et se raréfient, les rides se forment plus durement, les cernes se creusent, les bajoues s'affaissent, les plis d'amertume se dessinent, les taches brunes s'élargissent, et ensuite le corps devient plus flasque, le ventre proéminent, le volume des muscles diminue et enfin la silhouette se tasse et se voûte.

Mais laissons de côté ces pénibles descriptions pour nous tourner vers des contenus plus réjouissants.

Tout d'abord, une remarque nous semble importante : c'est l'idée que l'on se fait de soi vieillissant qui concourt à rendre le tableau plus sombre qu'il ne l'est véritablement.

Il s'agit donc de *travailler* sur ces pensées négatives pour les rendre plus positives à soi-même, et par conséquent aux autres.

Les signes désagréables de la vieillesse reconnus puis maîtrisés dans leurs manifestations, n'apparaîtront plus comme un frein dans de nouvelles configurations d'échanges, de partages et de proximité.

Pratiquer une image de soi plus agréable, plus belle.

Par exemple, se dire plus volontiers *je mérite d'être aimé* plutôt que *je ne mérite pas l'amour* ou *je suis compétent* plutôt que *je suis nul*.

A quoi sert-il de se faire le représentant d'une image de soi négative, dépréciée, dévalorisée ?
Enoncer, renforcer des appréciations négatives sur soi n'arrange absolument pas les choses, bien au contraire.

Il convient de lutter contre le déclin et de la pensée malveillante sur soi-même avec vigueur et volonté. L'objectif étant d'offrir une image de soi plus reluisante, agréable et plus belle.

Aujourd'hui, de nombreux moyens existent pour retarder les effets de l'âge sur le visage, le corps, et loin de nous l'idée de proposer un éventail de crèmes hydratantes, de produits anti-âge ou chirurgie spécialisée.

Il s'agit plutôt de développer, à l'approche des signes de l'âge, une attitude esthétique.

Plus qu'une attitude, une aptitude au sentiment esthétique est nécessaire pour entretenir une belle image de soi pour soi-même et vis-à-vis du regard des autres sur soi. Se regarder dans un miroir en veillant, chaque jour, à assurer le soin de ses cheveux, de son visage, de ses dents, n'est-ce pas ce que l'on se doit de s'accorder pour soi-même ?

Au cours de rencontres festives, de réunions entre amis, et principalement lors de l'établissement de nouveaux liens sociaux, la présentation et l'apparence physique qui se dégagent jouent un rôle considérable. Le choix vestimentaire définit l'élégance et produit alors son impression.

Veiller à se tenir droit, surveiller son allure en toutes circonstances est une formidable étape en terme d'image de soi et produit toujours le meilleur effet. A cet égard, la pratique des exercices de Pilates fait des merveilles !

De cette posture volontairement esthétique de soi, les membres d'une société dans laquelle évolue l'adulte âgé retiendront par dessus tout, un *style*.

«Le style c'est l'homme», Buffon

L'attention que le senior porte à son image, à son apparence physique suscite l'intérêt, il ressent alors considération et respect.

Grâce à cette image qu'il donne de lui-même, distingué et sûr de son charme, il met à distance tout regard critique sur son âge avancé.
Il éprouve un sentiment de confiance en lui, de sérénité et de force dans le *bien être* du *bien vieillir*.
Penser clairement, être propre, sentir bon, être correctement habillé rendent les choses beaucoup plus faciles dans la vie quotidienne.
(v. Annexe 10)

Dans cet état d'esprit d'ouverture au monde, la personne âgée reçoit alors de nombreuses sollicitations de la part des générations plus jeunes.
Cette jeunesse apprécie sa disponibilité, son sens de l'humour, son expérience, sa culture, sa capacité fédérative...

L'exemple de Pierre, 75 ans, illustre parfaitement notre propos.

Il est membre d'un groupe d'hommes et de femmes, 15 personnes toutes adhérentes à un Club de Sport où se pratique le RPM (Round Per Minute), programme de cyclisme en salle rythmé par une musique entraînante.

Pierre fait figure de mascotte dans cette équipe de cyclistes de grande vitesse dont la moyenne d'âge ne dépasse pas 55 ans.

Lui, il ne s'embarrasse pas des préjugés que l'on pourrait avoir sur son âge. Il possède un sens relationnel assez développé qui ne le quitte jamais. Ajoutons d'autres caractéristiques à son portrait, comme son humour, son sens de l'équipe, sa mobilité. Fédérateur indispensable à la vie du groupe, son esprit de coordination fait merveille en son sein. Inscrit dans les réseaux sociaux, il communique régulièrement avec les uns et les autres et organise des rencontres conviviales, festives et culturelles : envoi de photos, réservation de tables dans des lieux insolites où il s'improvise, généralement avec succès, comme animateur de soirées...

Peut-on penser un seul instant de Pierre qu'il soit considéré, dans l'acception commune comme «vieux» ?
Certes, les traits de son visage ne trompent pas, mais il renvoie, par son dynamisme éclairé, son optimisme et sa joie de vivre, l'image d'un homme investi dans la communauté ou la société dans laquelle il vit.

En dressant le portrait de Pierre, il nous apparaît ici, l'image d'un senior en mouvement permanent : Pierre se constitue à travers sa personnalité volontaire, ses actes et ses initiatives, une image captivante qui n'efface pas son âge.
La passion pour la vie qu'il exprime, produit un rôle moteur sur les membres de son groupe d'appartenance, et bien au-delà, sur l'ensemble de ses autres relations.

...La Joie...

«La Joie prolonge la Vie», l'Ecclésiaste

Abordons la fin de ce chemin comme un manifeste, un hymne en faveur du sentiment de joie, précieuse et indispensable émotion à cultiver pour son *bien être* et son *bien vieillir* !

La joie emporte tout jusqu'à noyer le sentiment de la décrépitude, de la détresse et du désarroi.

De tous les sentiments, le sentiment de ***joie*** est le plus profitable au *bien vieillir*.
Comment l'acquérir ?
Un rapport étroit avec le monde, dans les merveilles qu'il nous présente, nous arrache à la tristesse pour nous conduire à la joie. Un arbre, un animal, un coucher de soleil, le sourire d'un enfant ne peuvent nous laisser indifférents.

Le monde nous est donné. C'est un cadeau et il n'est pas empoisonné. En remerciant l'auteur de ce don - et qu'importe son nom – la joie s'éprouve sans effort et immédiatement en soi.

Prendre conscience de cette vérité,
vibrer d'une étincelle de joie,
c'est être en route pour lutter contre le découragement,
l'abattement, la dépression...
offre les meilleures garanties pour accéder au *bien être*.

La joie nous porte à aimer, comme le vivent, sans relâche les jeunes amants.

«Nous valons ce que valent nos joies», Saint Thomas d'Aquin

A défaut de posséder cette joie qui manque parfois, il convient de veiller à se rapprocher de ceux qui en sont habités, les ***porteurs de joie***.
Favoriser en toute occasion de se rapprocher d'eux, sans complexe, afin de bénéficier de leur aura, magique, et de leur joyeuse humeur. Profiter ainsi de la gaîté permanente et du plaisir de vivre qu'ils dispensent !
Merveilleux bateleurs, diseurs, narrateurs, boute-en-train, amuseurs, conteurs, ils savent vous faire goûter, apprécier la pleine existence.

Le *porteur de joie* balaye le malheur qu'il reconnaît, pour le dépasser aussitôt. Quel paradoxe à traverser le malheur au ralenti, à petits pas légers, en apesanteur, presque en dansant (comme ces adeptes du *Qi Gong*, cette gymnastique douce et lente traditionnelle chinoise qui permet d'équilibrer son corps et d'atteindre dans un court délai un état de relaxation idéale).

Ce *porteur de joie* s'impatiente déjà à retrouver en lui le rire joyeux de sa nature profonde.

Chacun attend avec impatience les retrouvailles avec les *porteurs de joie* : tels un grand-père, une mère, un oncle, une sœur, un frère, un ami... qu'importe ! Celui-ci ou celle-là sera au rendez-vous pour vous apporter un sens, une émotion particulière à la vie, votre vie !

Il nous dit :

Par-dessus tout, je cherche à te faire plaisir !
Console toi sans tarder pour vivre à nouveau !

La ***joie*** est heureusement contagieuse, ne vous en éloignez surtout pas !
Sachez boire à pleine gorgée le suc de la joie !

Se soigner et guérir ainsi de sa tristesse par la proximité des *porteurs de joie*, voilà une démarche dont chacun tire le meilleur profit.

«La joie est en tout, il faut l'extraire», Confucius

La *joie* nous aide à traverser les épreuves indicibles et nous protège des fragilités du vieillissement. A l'adulte âgé de regarder, à présent, l'opacité du monde avec la légèreté dont se revêt la joie.
La joie qui se diffuse, au cours d'une cérémonie, d'une célébration, d'un chœur à l'unisson fait communier les cœurs.

La joie est une grâce, un hymne à la vie sans lequel le bonheur serait absolument impossible.

Voilà !

Ici se termine le ***dixième*** et dernier ***chemin***, dans l'optimisme de la ***belle image de soi*** et des surprises de la ***joie*** bienveillante et créative.

Pour ne pas conclure...

Comment, en effet, conclure sur l'énergie vitale de l'homme, qui, malgré le poids de l'âge, continue de gravir, les pieds bien plantés au sol, des chemins le menant vers le sommet de la montagne ?

En réalité, il ne s'agit pas d'atteindre le sommet de la montagne, mais de fournir l'effort nécessaire pour réaliser la marche, l'ascension, quelque soit le chemin choisi...

Le *bien vieillir* correspond à cette marche, nécessitant un effort soutenu mais ô combien réjouissant !
Regarder droit devant soi, voilà un ***art de vieillir*** avec dignité et courage.

On sait que les êtres humains ne sont pas nés pour durer éternellement.

Mais vivre avec le sentiment de *remarquablement bien vieillir*, n'est il pas agréable et réconfortant ?

Dans son article *«Longévité et vieillissement au XXIème siècle»*, Eric Le Bourg pose cette interrogation dont le résumé suit :

Vivra t'on demain jusqu'à 150 ans ?

«Si les prévisions en matière de démographie, comme en d'autres domaines, sont souvent peu fiables, il apparaît cependant peu probable que la durée de vie humaine continue à augmenter dans les mêmes proportions que dans ces dernières décennies. Les gains d'espérance de vie réalisés au cours du siècle dernier sont en effet majoritairement dus à la baisse de la mortalité précoce.
Il sera plus difficile d'obtenir un recul de la morbidité aux âges élevés dans de telles proportions. L'hypothèse d'une espérance de vie moyenne de 90 ans pour les femmes et de 82 ans pour les hommes d'ici 2050 paraît la plus raisonnable. Cependant d'aucuns se vantent d'avoir trouvé la clé de la longévité et les recettes «anti-âge» fleurissent, cautionnées parfois par des scientifiques, au mépris des dangers qu'elles peuvent faire courir à leurs adeptes. Restriction calorique, absorption de suppléments nutritionnels, promesses de la recherche transgénique : autant de solutions présentées comme miraculeuses mais dont aucune n'a encore prouvé son efficacité.

L'adoption de comportements sains et l'abandon de conduites «à risque» peuvent certes prolonger la durée de vie, et surtout la durée de la vie sans incapacité majeure. Il faut cependant accepter que la vie ait ses limites même si la science peut encore beaucoup apporter pour rendre la fin de vie plus confortable. Seul un contexte dégagé de la pression des marchands d'illusions pourra favoriser une recherche sereine et responsable.»

Les progrès de la Science améliorent chaque jour l'espérance de Vie.

Pris d'assaut avec force, volonté et détermination, ***ces dix chemins*** représentent des moyens d'adopter des comportements sains et plaisants.

Aujourd'hui, le **temps de la vieillesse** devient une **nouvelle chance**.

Annexes

Annexe 1

«... Si j'accepte de vieillir ? En fait oui et non... je n'ai pas peur de vieillir, j'ai juste peur de ne pas avoir le temps de vieillir. Et puis, cette idée qui obsède quand même... préoccupante, de vieillir mal... une autre peur aussi... c'est celle de devenir dépendante, d'être un poids lourd pour mes enfants... Mais bon, nombre de gens vieillissent bien... Heureusement !...»

Annexe 2

« ... Comment je vis çà ? Je n'y avais pas pensé avant votre question. Le sentiment de la jeunesse... oui... c'est bien loin tous ces moments... Quand on est jeune, on ne se rend pas compte qu'on est jeune... On n'en profite peut-être pas assez, au fond... vous ne trouvez pas ? Je pense qu'aujourd'hui, si c'était à refaire, j'irais plus loin... beaucoup plus loin. On ne sent pas tous forcément très à l'aise à cet âge là ! A la Fac, j'avais des potes qui faisaient les 400 coups ! Sortir tous les soirs, draguer, picoler... ou partir en stop à l'aventure ! Ils me racontaient des trucs dingues, moi j'étais assez sage... Curieusement, aujourd'hui, je ne le suis plus !!! Pour moi les choses vont plutôt à l'envers... une nouvelle jeunesse !...»

Annexe 3

«... Alors cela vous intéresse de savoir ce que je mange ?
En fait, je crois que je mange mal, en dépit du bon sens. J'ai les yeux plus gros que le ventre, et ma gourmandise me joue des tours... Regardez moi ! Tout le monde me conseille de voir une diététicienne et de bouger mes fesses ! Du coup je me suis inscrite pour faire des longueurs à la piscine ! Voilà !...»

Annexe 4

«... Si je pratique un sport à mon âge ? C'est-à-dire que... oui ! Je marche. Pour venir ici j'ai fait trois kilomètres, et pour rentrer chez moi, il m'en reste deux ! J'adore faire de l'exercice ! En tant que senior, il est quand même plus difficile ou risqué de faire de l'alpinisme ou de l'aviron ! Se dégourdir le corps réveille la tête. Je vais d'ailleurs me remettre en selle... avec mon vélo d'appartement !...»

Annexe 5

«... Si je connais les bienfaits de la méditation ? On en parle très souvent à la télé... tiens ! Ma voisine pratique tous les dimanches et cela lui fait un bien énorme... Tout le monde se rend compte qu'elle a littéralement changé. Toujours de bonne humeur, calme, souriante et aimable. Depuis, elle a même rencontré quelqu'un !!! (rires...)...».

Annexe 6

«...J'étais professeur de violoncelle au Conservatoire.
Comment cela se passe-t-il depuis que je suis à la retraite ?
Je donne toujours des cours, particuliers maintenant. Le reste du temps, je le consacre aussi à du bénévolat... auprès d'enfants malades dans les hôpitaux. La musique c'est bon pour tout le monde ! Et toutes ces activités me permettent d'être bien vivant, car il faut beaucoup marcher pour assurer tout çà et aussi être présent pour mes petits-enfants !...».

Annexe 7

«...Une enquête sur les centres d'intérêts ?
Moi, je suis très occupée ! Voilà bien quelque chose qui me tient à cœur, le dessin, la peinture et le bien manger ! J'ai toujours eu le crayon ou le pinceau à la main. Maintenant je vais régulièrement dans un atelier sous le regard d'un artiste enseignant. Nous sommes une petite dizaine devant nos chevalets et préparons des expositions temporaires tout au long de l'année.
En plus, de peaufiner mes toiles chez moi, j'ai la main verte et mon jardin est à mon image... sans oublier la confection des plats gastronomiques qui m'attend dans la cuisine...»

Annexe 8

«...En vérité, est-ce qu'on cesse d'apprendre ? Je ne pense pas ! Regardez, avec juste un certificat d'étude, je me suis mise à écrire... ! Je n'y connaissais rien ! Grâce à l'ordinateur, internet et une lecture assidue d'œuvres célèbres, phrase après phrase, je construis mes récits... J'y raconte les péripéties de ma vie... anecdotes et événements de toutes sortes. Un véritable et passionnant apprentissage où se conjuguent idées, style, orthographe, syntaxe... Vous semblez surpris Monsieur devant cet écrivain en herbe ?...»

Annexe 9

«... Sur ces trois notions, je ferai court si vous permettez !
L'Amour... Un état de Grâce ! Dommage qu'il ne dure pas assez...
Pour l'Amitié, je dirais... c'est de la complicité et de l'affectueuse présence.
Quant à la Tendresse, c'est prendre soin des autres avec un regard... une délicate attention !...»

Annexe 10

« ...Une belle image de soi... c'est drôle que vous me parliez de çà ! Avec mon amie Françoise, on se marre tout le temps et on court ensemble... On mets en boîte notre vieille copine Mathilde, elle a 68 ans et si vous la voyiez... ! Elle bouge pas, pas de rouge à lèvres, on croirait qu'elle est à l'agonie ! Et ses cheveux n'en parlons pas !
Alors que nous, avec Françoise on a même des prétendants... parce que le miroir c'est familier pour nous ! On s'évertue à la secouer la Mathilde, parce que en plus, elle est jolie ! D'ailleurs cette semaine, on l'emmène avec nous chez le coiffeur et on va bien rigoler toutes les trois !...»

Printed by Books on Demand GmbH, Norderstedt / Germany